LE BOLUS,

PARODIE DU BRUTUS.

Par Messieurs DOMINIQUE & ROMAGNESY, Comediens du Roy.

Representée le 24. Janvier 1731. par les Comediens Italiens ordinaires du Roy.

A PARIS,

Chez LOUIS-DENIS DELATOUR, Imprimeur de la Cour des Aydes, en la maison de feuë la veuve Muguet, ruë de la Harpe, aux trois Rois.

M. DCC. XXXI.

Avec Approbation & Permission du Roy.

ACTEURS.

BOLUS, *Doyen des Medecins.*

TETU *fils de Bolus.*

TUTIE, *fille de Turquin.*

CLAUDINE, *suivante de Tutie.*

COCLICOLA.

MASSACRA.

SYROP.

LA SONDE, *député des Chirurgiens.*

DIAFOIRIUS.

Monsieur FLEURANT, *Apoticaire.*

Plusieurs Medecins qui ne parlent pas.

Quatre Bedeaux.

La Scene est à Paris dans l'Ecole de Medecine.

LE BOLUS,

PARODIE DU BRUTUS.

SCENE PREMIERE.

BOLUS, COCLICOLA, *plusieurs Medecins assis.*

BOLUS.

ILLUSTRES Medecins dont les divines Loix,
Disposent du salut des peuples & des Rois,
Enfin notre ennemi commence à nous connoître,
Et cet Operateur qui nous parloit en Maître,
Des fiers Chirurgiens le formidable appui,
Ce sot qui protegeoit de plus grands sots que lui,
Qu'on a vû si long-tems sur les bords de la Seine,
Exercer malgré nous une science vaine ;
Exilé par l'arrêt qu'obtint notre couroux,
Nous envoïe un Frater pour traiter avec nous,
La Sonde, qu'il députe en ce moment s'avance,
Comme un Ambassadeur il demande audiance,
Il est dans l'anti-chambre à croquer le marmot,

Voulez vous lui parler, ou ne lui dire mot?

COCLICOLA.

Quoiqu'il vienne annoncer, quoiqu'on puisse en attendre,
Puisqu'il se porte bien, il ne faut point l'entendre,
Tel est mon sentiment, & notre auguste corps
Ne voit ses ennemis que malades, ou morts:
Votre fils, il est vrai, par son heureuse cure
De ces audacieux a détruit l'imposture,
Et son profond sçavoir apprend à ces mutins,
Qu'ils doivent se restraindre au travail de leurs mains;
Cependant entraînés par d'extrêmes licences,
Ils saignoient malgré nous, faisoient des ordonnances.
Que Turquin satisfasse à nos commandemens,
Et qu'il ne donne plus aucuns médicamens,
Ou s'il veut de notre Art exercer les misteres,
Qu'éloigné de Paris, il purge nos Frontieres,
Ce nom d'Ambassadeur pourroit-il vous frapper?
Ne vous y fiez pas, on cherche à vous tromper.

BOLUS.

Vous sçavez à quel point notre gloire m'est chere,
Mais plein du même esprit, mon sentiment differe,
Je vois cette Ambassade au nom d'un charlatan,
Comme un premier tribut que son respect nous rend,
La Sonde croit peut-être, aux enfans d'Hippocrate
Inspirer la pitié, mais en vain il s'en flate;
Nous avons tous juré de n'en jamais avoir,
Docteurs, c'est pour cela qu'il le faut recevoir,
Qu'il vienne contempler nos superbes hermines,
Et qu'il tremble à l'aspect de nos augustes mines.

COELICOLA.

Oüi, quoique cela soit, & puerile, & plat,
Il faut faire à ses yeux briller tout notre éclat,
Bedeaux qu'on l'introduise, & par trois reverences
Qu'il marque le respect qu'il doit à nos présences:
Bolus, c'est de vous seul, que dépend le succès,

Vous avez le premier intenté ce Procès,
De notre Faculté défendez la querelle,
Vous en êtes Doïen, & parlerez pour elle.

SCENE DEUXIE'ME.

LA SONDE, BOLUS, COCLICOLA, *Medecins.*

LA SONDE *après s'être assis.*

SCAVANTE Faculté, qu'il m'est doux d'être admis
Dans ce cercle fameux de sages ennemis !
L'ordre du Grand Turquin qui près de vous m'envoïe,
N'a rien que d'agreable, & fait toute ma joïe,
Je viens offrir la paix à ces grands Medecins,
Du salut des mortels arbitres souverains,
Et dans ces lieux fumans des frequentes saignées,
Qu'ils ont pendant l'hyver pour le rhume ordonnées,
(Bien souvent entre nous remedes superflus)
Je reconnois ici cet insigne Bolus,
Qui risque tout pour rendre un malade à la vie,
Et qui ne l'abandonne enfin qu'à l'agonie ;
Je revois près de lui le grand Coclicola,
L'intrepide Pancrace, & le fier Quinquina,
Et tant d'autres Heros dont les vertus sublimes,
Eternisent les noms pat d'illustres victimes :
Je rends grace au destin, de ce qu'il m'a conduit
Dans cette docte Ecole où le sçavoir reluit,
Et non devant un tas de sots Apotiquaires,
Qui croïent meriter le nom de vos Confreres,
Et qui de leur Latin usant mal-à-propos,
En voulant l'expliquer font tant de quiproquos,
Dont l'audace. . . .

BOLUS.

Ah ? contre eux que rien ne vous échappe.
Portés plus de respect aux Commis d'Esculape,
Car un Apotiquaire *est quasi Medicus*,
Poursuivés.

LA SONDE.

J'y consens ; vous n'interrompés plus :
Je viens donc vous offrir, célébre Medecine
Le sirop lenitif d'une paix anodine.
C'est en vain que Têtu par un coup de hazard
Sur un heureux malade a fait briller votre Art,
Quelque autre de cet Art déplorable victime,
Lui fera bien-tôt perdre une si haute estime.
Ne vous prévalés pas d'un sçavoir incertain,
Mais pour en revenir à mon Maître Turquin,
Par où merite-t-il cette fureur extrême,
Et qui peut de ses droits le dépoüiller ?

BOLUS.

Lui-même,
S'il ne s'en fut tenu qu'à l'operation,
Il n'auroit pas perdu notre protection.
Qu'il songe, qu'il a fait un serment qui le lie,
Qu'il ne doit se mêler que de la Chirurgie.

LA SONDE.

Ah ! quand il seroit vrai qu'un peu d'ambition,
L'eût fait empiéter sur la Profession,
Qu'il eût trop écouté sa voix enchanteresse,
De tout Chirurgien n'est-ce pas la foiblesse !
Pourquoi le chicanner, le poursuivre aujourd'hui,
Quand ceux qu'il a tués n'ont rien dit contre lui,
Etouffés d'un Procès les semences ameres,
Nous devons parmi nous vivre comme des freres,
Lorsque de Galien nous suivons l'étendard,
Le guain est notre objet, nos Juges, le hazard,
Orgueüilleux Medecins quelle est votre manie ?

N'ose-t-on s'affranchir de votre tyrannie ?
Un malade à nos soins n'ose-t-il recourir,
N'est-il permis qu'à vous de le faire mourir ?

BOLUS.

Oüi nous ferons valoir les droits de nos Ancêtres,
Et vos pareils sont nez pour servir sous des Maîtres,
Pardonnés moi, Messieurs, si j'ai pû si long-tems
Tolerer de Turquin les progrés éclatans.
O toi dont l'Art Divin suspend nos funerailles,
Toi qui nous rafraîchis, & purges nos entrailles !
Grand Esculape, écoute & reçois nos sermens
Pour tout le Corps, pour moi, pour mes petits enfans,
Si jamais parmi nous il se trouvoit un traître
Qui regrettât Turquin, qui pût le reconnoître,
Que le lâche périsse au milieu des tourmens,
Et que son corps privé de nos médicamens
Languisse sans secours, & qu'au lieu d'émetique
De la pierre infernale on lui fasse un topique.
Jurés tous comme moi sur ce Livre

Tous les Medecins.

Juro.

LASONDE.

Moi de tous vos sermens je dis du mirliro.
Ecoutez tous le mien, & moi sur ces lancettes
Instrumens bien plus sûrs sandis que vos recettes
Je vous jure la guerre au nom du grand Turquin,
Comme vous la jurés à tout le genre humain,
Ennemis declarés de vos vieux Aphorismes,
Nous en mettrons au jour les obscurs Barbarismes,
S'il ne tient qu'à jurer comme des possedez
Nous allons voir beau jeu.

Les Medecins se levent.

Medecins attendez
L'audiance déja vous gêne, & vous ennuïe,
Quoiqu'elle ait été longue, elle n'est pas finie,

Je voudrois bien ſçavoir quel eſt votre deſſein ;
Lorſque vous retenez la fille de Turquin ?
Que dis-je ! ces bijoux, ces meubles, ces richeſſes ;
Deſes heureuſes mains éclatantes proüeſſes,
Voulez-vous les garder ?

BOLUS.

Vous nous connoiſſez mal,
On va lui renvoïer ſa fille, ſon cheval
Tous ſes meubles enfin.

COCLICOLA.

Vous démentez l'Hiſtoire
On ne lui rendit rien, ſi j'ai bonne mémoire.

BOLUS.

N'importe, vous pouvez aller prendre chez moi
Sa fille.

LA SONDE.

Quoi chez vous, vous badinez je croi,
Avec vos deux garçons mettre une fille aimable !
Sandis ce procedé Bolus, n'eſt pas loüable,
L'expoſer à vos fils, deux têtes à l'évent,
Que ne la mettiez vous plûtôt dans un Convent ?

BOLUS.

Oüi c'étoit en effet ce que je devois faire,
Mais au nœud de la Piece elle eſt trop neceſſaire,
D'ailleurs je la nourris avec frugalité,
Elle joüit chez moy d'une enriere ſanté.
Prenez-là cependant, je vous accorde une heure
Pour aller de Turquin regagner la demeure,
En attendant ce tems reſtez dans ma maiſon
C'eſt contre la coutume, & contre la raiſon.
La Sonde, que chez moi je vous donne un azile ;
Vous en devriez avoir un marqué dans la Ville,

Mais n'importe, venez, du parti que je prens
Pourront naître bientôt des faits interessans.
Allons, plus longs discours rendroient la scene fade;
Adieu, vous avez fait une belle Ambassade.
Vous Docteurs suivez-moi, c'en est assez partons,

à la Sonde.

Vous devriez sortir, & c'est nous qui sortons

SCENE TROISIE'ME.

LA SONDE, SYROP.

LA SONDE.

JE tiens les Medecins, & grace à leur folie,
Ils enferment le Loup, mais dans la Bergerie:
Massacra viendra-t-il?

SYROP.

Bientôt vous le verrez,
Avec lui dans ces lieux vous vous entretiendrez;

LA SONDE.

Crois tu que chez Bolus il osera se rendre?

SYROP.

Il y viendra vous dis-je, & vous pouvez l'attendre.

LA SONDE.

Tu devrois bien, Syrop, m'en faire le portrait.

SYROP.

Ah! volontiers, je vais le peindre trait, pour trait
Il est homme à tout faire, & d'un esprit tranquille,
Quand il s'agit de nuire, il trouve tout facile.
Il est natif de Caën, son mauvais naturel
Se nourrit de Procès, de tumulte, & de fiel.
Qu'on ait tort, ou raison, son ame scelerate
Embrasse le parti qui lui graisse la patte,

Il est entreprenant, insensible à l'honneur,
Et l'amour de l'argent peut seul flatter son cœur.
Incredule à la fois, & sur la Pharmacie,
Et sur la Medecine, & sur la Chirurgie,
Il les détruit, les sert sans aucun fondement;
C'est un Pirrhonien anté sur un Normant.

LA SONDE.

Cet honnête homme là me sera nécessaire
J'attens beaucoup de lui.

SYROP.

Laissez, laissez le faire.
Dans toute la Province il n'a point son égal,
Et le drole est toûjours prêt à faire du mal.

LA SONDE.

Le charmant caractere . . . ah! je le vois paroître!

SCENE QUATRIE'ME.

MASSACRA, LA SONDE, SYROP.

LA SONDE.

MAssacra, qu'autrefois j'eus l'honneur de connoître,
J'ai vû tous ces Docteurs, rien ne peut les gagner.

MASSACRA.

Sur ceux de votre robbe ils prétendent regner,
Leur orguëil foule aux pieds la docte Chirurgie,
Et tout ce que pour l'homme inventa la chimie.

LA SONDE.

Connoissez-vous quelqu'un qui pour vanger Turquin
A sa juste entreprise ose prêter la main,
Et qui pour renverser leurs erreurs, leur empire
De concert avec nous, & s'unisse & conspire?

MASSACRA.

Peu ſont de cet avis, les eſprits prévenus
Des Medecins encor ne ſont pas revenus,
Les hommes en ſanté raillent la Medecine,
Connoiſſent les abus de ſa fauſſe doctrine,
Mais dans un mal preſſant il y faut recourir,
La raiſon tombe, & cede à la peur de mourir:
Il en eſt cependant dont la maſle conſtance
Brave des Medecins la frivole aſſiſtance,
Et meurent en heros, ſans attendre leurs coups,
Comptez ſur leur apui, ces gens-là ſont à vous,

LA SONDE.

De ces ſages amis que faut-il que j'eſpere?
Serviront-ils Turquin?

MASSACRA.

Ils ſont prêts à le faire.
Mais ne préſumés pas qu'en ces lieux de retour
Turquin puiſſe à ſon gré les traiter à ſon tour;
Ils ne ſe piquent point de l'honneur fannatique,
De ſervir de victime au pouvoir Chirurgique,
Ni du zele inſenſé de courrir au trépas
Pour appuïer un Art dont ils font peu de cas.
Je connois vos pareils, oüi leur vaine ſcience,
Sur leurs meilleurs amis riſque une experience,
Pour montrer vos talens vous pourriez de leurs corps
Faire l'anatomie, avant qu'ils fuſſent morts.
De plus où prendre un Chef?

LA SONDE.

Un Chef! je vous deſtine ....

MASSACRA.

D'un Chef de conjurez je n'ay gueres la mine.

LA SONDE.

Si nous pouvions gagner le ſuperbe Têtu....

MASSACRA.

Oüi, qnoiqu'à tout moment il prône ſa vertu

On pourroit . . . . .

LA SONDE.

De quel œil voit-il les injustices
Dont cette Faculté paye tous ses services?
Car je n'ignore pas qu'on lui refuse net
Le titre de Docteur, & l'honneur du Bonnet.
Il les meritoit bien après sa belle cure.

MASSACRA.

Son cœur altier & prompt est plein de cette injure.
Je vous dirai bien plus, apprenez entre nous
Qu'il adore Tutie.

LA SONDE.

Et que ne parliez vous?
Nous n'avions pas besoin de ce vain étalage,
De ces portraits diffus, & de ce verbiage.
Ne perdons point de tems . . écoutez-moi Syrop
Allez trouver Turquin, revenez au galop,
Nous entrons chez Tutie, aisément on devine
Les secrets de l'amour dans une ame enfantine,
Pour peu qu'elle en ressente, elle agira pour nous,
Allons nous éclaircir, & lui tâter le poulx.

SCENE CINQUIE'ME.

TUTIE, CLAUDINE.

CLAUDINE.

OUY vous allez partir, & revoir votre pere,
La nouvelle en est sûre, & doit je crois vous plaire;
Car pour vous marier il vous fait revenir.

TUTIE.

Tétu, mon cher Tétru, que vais-je devenir!

CLAUDINE.

Quoi l'auteur de nos maux, & de notre ruïne
Que vous haïssiez tant ......

TUTIE.

Je le croïois Claudine ;
Mais je l'aime, & je sens certain je ne sçais quoi.

CLAUDINE.

Aime-t-on quand on haït, vous vous mocquez de moi.

TUTIE.

Pour te bien expliquer un semblable mystere,
Un récit des plus longs me seroit necessaire.

CLAUDINE.

Vous avez en parlant un ton si gracieux,
Que le plus long discours n'est jamais ennuïeux.

TUTIE.

Helas de cet amour c'est toi qui fus la cause,
Et qui de ce poison me préparas la dose,
Cruelle avec tant d'art pourquoi me vantois tu
Les charmes dangereux de l'aimable Tétu ?
Et ne sçavois tu pas que le cœur d'une fille
Au récit d'un jeune homme, & s'agite, & petille,
Tu le peignois charmant, & propre au doux lien
Digne du choix d'un pere, & plus encor du mien.
Hélas, en t'écoutant ma timide innocence,
Ne pût de mes desirs vaincre la violence,
Tout m'aveugloit, je crûs découvrir dans ses yeux
D'un romanesque amour l'aveu mysterieux.
Une fille nubile est bientôt enflammée,
J'étois jeune, j'aimois, je croïois être aimée,
O douleur ! ô revers ! Bolus vieux chicanneur
Plaide contre mon pere, & détruit mon bonheur.
Turquin est décreté, soudain il prend la fuite,
Ne traînant que la crainte, & la honte à sa suite,
Il m'abandonne enfin au pouvoir de Tétu,
Et ne laisse avec moi que ma seule vertu.

CLAUDINE.

Il faut vous en ſervir, car le voici luy-même.

TUTIE.

Pour allonger le temps cachons luy que je l'aime.

SCENE SIXIE'ME.

TETU, TUTIE, CLAUDINE.

TETU.

VOyons-là, n'écoutons que mon ſeul deſeſpoir.

TUTIE.

Fuyons, . . . mais non j'ay trop de plaiſir à le voir.

TETU.

Madame, pourrez-vous voir ici ſans colere
L'ennemi declaré de Monſieur votre pere ?
De grace pardonnez ſi je viens en ce lieu,
Mais vous allez partir, il faut vous dire adieu ;
Helas je ſuis fâché d'avoir pû vous déplaire.
Je le ferois encor, ſi j'avois à le faire,
Apprenez, pour calmer votre juſte courroux,
Que je n'ay préferé que Gallien à vous,
Mais qu'il terminera ma vie infortunée.
Puis qu'à vous offenſer le ſort la condamnée.

TUTIE.

Quoy le fils de Bolus, l'objet de mon effroy,
A fait chaſſer mon pere, & s'offre devant moy ?

TETU.

Je devois ſoutenir l'honneur de mon école,
Mais un prochain himen Madame, vous conſole,
Un grand Operateur doit être votre époux ;
C'eſt le ſeul Charlatan dont mon cœur ſoit jaloux,
Le ſeul dans l'univers digne de mon envie.

TUTIE.

Cache bien ton amour, malheureuse Tutie!
Sortons, où suis-je!

TETU.

Helas, où vais-je m'emporter!
Vous partez, & je viens ici vous en conter,
J'ay perdu l'heureux temps où je devois vous faire
Un aveu qui devient aujourd'huy téméraire;
Avant tout ce procès imbecile Tétu,
Tu ne luy disois rien, à quoy t'amusois-tu?

TUTIE.

Quels maux tu m'as causez Bolus inexorable!

TETU.

Vangez-vous sur son fils, il est le seul coupable;
Il a de la chicanne allumé le flambeau,
Il poursuit votre pere, il vous aime.

TUTIE.

Tout beau!
J'entrevois vos desseins, & vous croyez peut-être
Pouvoir avec Tutie aimer en petit maître;
Vous attendiez Monsieur, pour me parler d'amour
Que de mon hymenée ou eut marqué le jour;
C'est agir sans façon, mais perdez l'esperance
De voir récompenser une ardeur qui m'offense:
Soyez dans vos transports un peu plus circonspect,
A mon époux futur vous manquez de respect.

Elle s'en va.

SCENE SEPTIE'ME.

TETU *seul.*

OU suis-je! qu'ai-je dit, & que viens-je d'entendre!
Ma foy je n'en sçais rien; quel parti dois-je prendre.

SCENE HUITIE'ME.

MASSACRA, TETU.

TETU.

MAssacra tu me vois inquiet, agité. . . .

MASSACRA.

Tétu je vous entens, l'injuste faculté
Du grand nom de Docteur vous ravit l'avanrage,
Et dit pour ses raisons, que vous n'avez pas l'âge.

TETU.

Il faut donc radoter pour être Medecin ‘
Il faut sçavoir guerir, & je le sçais enfin;
Mais ce n'est pas là tout; on m'enleve Tutie,
Et pour comble de maux ce soir on la marie,
Le dépit, le devoir, & la honte, & l'amour
Dans mes sens soulevez disputent tour à tour.

MASSACRA.

Pour moy j'épouserois Tutie en votre place,
Et des fiers Medecins j'abaisserois l'audace,
Je servirois Turquin, même tout au plûtôt.

TETU.

Que dis-tu, ce conseil est d'un fieffé maraut.

MASSACRA.

Il le suivra pourtant.

TETU.

Non non, quoiqu'il m'en coute,
Je ne trahira point.

MASSACRA.

Vous ignorez sans doute
Que déja votre frere est de notre parti.

TETU.

A cette perfidie il auroit consenti!

Mais

Mais la Sonde paroît, adieu je me retire :
Autre maraut qui vient encor pour me séduire !
Evitons les discours d'un fourbe mal à droit,
Passons à l'interest, si tant est qu'il en soit.

SCENE NEUVIE'ME.

LA SONDE, TUTIE, CLAUDINE.

TUTIE.

Quelle nouvelle? hébien que venez-vous m'apprendre?
La Sonde, expliquez-vous.

LA SONDE.

Mon ordre est de vous rendre
Cette Lettre Madame, elle est du grand Turquin.

TUTIE *à part.*

N'est-ce point une attrappe. . . . il est un peu malin.

Elle lit la Lettre.

Je ne veux point troubler les jours de votre vie,
Si vous aimez Tetu, j'en feray votre époux,
Mais à condition que de la Chirurgie
Il soutienne les droits, & s'unisse avec nous.

Ah! je l'avois bien dit, ce n'est qu'un stratagême ;
Quoy Turquin pour Tétu... d'où sçait-il que je l'aime?

LA SONDE.

Ne me le demandez point, il l'aura deviné.

TUTIE.

Vous voulez me tirer ici les vers du né
Parce que je suis jeune.....

LA SONDE.

Ah! la chose est si claire.

TUTIE.

Je ſerois à Tétu, je ſervirois mon pere !

LA SONDE.

Je ſçais qu'il vous adore.

TUTIE.

Il m'adore, & d'où vient ?

LA SONDE.

Bon, puis qu'il vous a vûë, il eſt ſûr qu'il en tient :
Armez vous de ſes feux contre la Medecine,
Qu'un ſeul regard luy faſſe abjurer ſa doctrine,
Ne meritez-vous pas de faire par vos mains,
Et ſur tout par vos yeux le ſort des Medecins.

Il s'en va.

SCENE DIXIE'ME.

TUTIE, CLAUDINE.

TUTIE.

JE n'examine point ſi c'eſt un artifice,
On me prend par mon foible, il faut que j'obeïſſe,
Va le chercher, va cours avec empreſſement
Claudine, & revien vîte avec ce cher amant.

CLAUDINE.

Madame à votre honneur vous faites une tache.

TUTIE.

Ah ! puiſqu'il eſt heureux, il eſt bon qu'il le ſçache.

CLAUDINE.

Vous concevez peut-être un eſpoir dangereux,
Craignez. . . . .

TUTIE.

Il s'agit bien de combattre mes feux,
Il fera tout pour moi, n'en douté point, il m'aime.
Va dis-je !

SCENE ONZIE'ME.

TUTIE *seule.*

CEpendant, ce changement extrême,
Ce billet. . . . de quels soins mon cœur est combattu!
Eclatez mon amour! taisez-vous ma vertu!
Toy que je puis aimer! quand pourrais-je t'apprendre
Ce changement du sort, où nous n'osions prétendre?
Quand pourrais-je avec toy, libre dans mes transports,
T'entendre, t'adorer, te parler sans remords?
Mettons dans nos discours un peu de modestie,
Ils ne peuvent passer que dans la Tragédie,
Qu'importe, puisqu'enfin ce sont ses propres mots,
Je fais la delicate ici mal à propos.

SCENE DOUZIE'ME.

TETU. TUTIE.

TUTIE.

MAis il vient, quel plaisir me cause sa présence!
Qu'il épargne de maux à mon impatience!
Qu'il vient vîte!

TETU.

Ah! Madame, est-il vrai qu'une fois
Je puisse en vous cherchant obeïr à vos loix?
Avez-vous en effet souhaité ma personne?

TUTIE.

Vous me prenez ici je crois pour Hermione,
Et pourparler ainsi que vous vous exprimez.

TETU.

Hebien!

TUTIE.

Je veux sçavoir, Seigneur, si vous m'aimez.

TETU.

Si je vous aime! helas trop charmante Tutie,
Tout vous le dit, mes yeux, ma bouche, ma folie:
Commandez-moy, faut il mourir à vos genoux?
Mon sort est en vos mains.

TUTIE.

Le mien dépend de vous.

TETU.

De moy! mon cœur tremblant ne vous en croit qu'à peine,
De moy! vous vous mocquez.

TUTIE.

Non, la chose est certaine,
Par cet heureux billet nos maux sont appaisez,
Seigneur, sçavez-vous lire?

TETU.

Oüi, Madame.

TUTIE. Lisez.

Pendant que Tétu lit.

Je puis donc me flatter d'un prochain mariage....
Quelle grimace! ô ciel, vous changez de visage,
Vous trouveriez-vous mal?

TETU.

Non, je me porte bien,
Et puis vous épouser, mais je n'en feray rien.

TUTIE.

Vous Tétu?

TETU.

Cette Lettre helas me désespere,
Reduit au triste choix, ou de trahir mon pere,
Ou de perdre aujourd'hui la fille de Turquin,
Je ne suis désormais qu'un sot, ou qu'un Coquin.

TUTIE.

Que choisis-tu des deux ?

TETU.

Dans cet état funeste ;
Un regret héroïque est tout ce qui me reste,
Ou si l'éblouïssant a dequoy vous flatter,
De vous perdre, Madame, & de vous mériter.

TUTIE.

D'un autre que de vous je serai donc la femme,
Et je vais épouser. . . . .

TETU.

Non, s'il vous plaît Madame ;
Et je mourrai plûtôt qu'un autre ait votre foy.

TUTIE.

Que prétendez-vous donc Monsieur faire de moy ?

TETU.

Je veux que de Bolus vous deveniez la fille,
L'épouse de Tétu, l'appui de sa famille,
Vous offrir pour exemple à la posterité
Et vous incorporer dans notre Faculté.

TUTIE.

Je vous meriterois par une perfidie ?

TETU.

Je trahirois ma gloire & l'auteur de ma vie !

TUTIE.

Si tu veux obtenir & mon cœur, & ma main
Il faut dès cette nuit aller trouver Turquin,
T'aboucher avec lui.

TETU.

Quel conseil détestable ?
D'une telle action Tétu seroit capable !

TUTIE.

Adieu.

TETU.

Demeurez donc.

TUTIE.

Je n'y puis consentir;
Détermine toi donc, on m'attend pour partir,
Je ne dis plus qu'un mot, je pars, & je t'adore,
Epouse moi mon cher, il en est tems encore,
Tu peux tout réparer, que te faut-il de plus?

TETU.

Il me faut votre haine.

TUTIE.

Ah! discours superflus!
Il est tems d'emploïer ma ressource derniere,
Oüi si tu ne te rends à ma tendre priere,
Tu me vas voir percer ce cœur infortuné.

TETU.

Oh! ma foi c'en est trop, je suis déterminé.
Je sçais que dans Paris rappellant votre pere,
De tous les Medecins j'attire la colere.
Je sçais que trahissant Bolus, & ses Consors,
Je prépare mon cœur à d'éternels remords.
Je ne le cache point, ce noir projet me choque,
La vertu le défend, mais mon amour s'en moque.
Haïssez moi, fuïez, quittez un malheureux
Qui vous aime à la rage, & déteste ses feux.

TUTIE.

Cette façon d'aimer est assez singuliere,
Mais enfin cha un aime, & pense à sa maniere,
Voici quelle est la mienne; apprenez petit fat,
Que j'aime cent fois mieux garder le célibat,
Quoique l'effort soit grand, que de me voir soumise,
Au pouvoir d'un époux qui m'aime, & me méprise,
Voici l'instant fatal qui va nous separer,
L'Ambassadeur m'attend, il faut te déclarer
Prens vîte ton parti, consulte, délibere,
Ou de perdre Tutie, ou de servir son pere,
Ce n'est qu'en te liant à sa profession,

Que tu peux aspirer à ma possession.

Elle s'en va.

TETU.

Ah ! qu'une femme excelle en l'art de nous séduire !
Qu'on cherche Massacra, j'ai deux mots à lui dire,
Mais le voici .. je suis servi bien promptement.

SCENE TREIZIE'ME.

MASSACRA, TETU.

TETU.

AMI sers la fureur d'un malheureux amant,
Suis moi.

MASSACRA.

J'ai tout prévû, j'ai fait une cabale
Dans certain Cabaret, à la Porte Royale,
La Turquin nous atten , ne nous amusons pas,
Point de foiblesse humaine, & marchez sur mes pas,
Mais quelqu'un vient à nous.

TETU.

Que vois-je ! c'est mon pere !

SCENE QUATORZIE'ME.

BOLUS, TETU, MASSACRA

BOLUS.

AH ! te voila mon fils, c'est en toi que jespere,
Certain Chirurgien doit traiter cette nuit
Un malade en danger, je viens d'en être instruit.

A la Porte Royale il tient son domicile,
Du fier Chirurgien rends l'audace inutile.
Va cours sur ce malade exercer ton sçavoir,
Ma tendresse t'en donne aujourd'hui le pouvoir.
En un mot qu'il guerisse, ou qu'il perde la vie,
Quoiqu'il puisse arriver tu feras mon envie.

TETU.

Ciel!

BOLUS.

Mon fils!

TETU.

Remettez son sort en d'autres mains,
Et qu'un autre que moy termine ses destins.

MASSACRA *à Tétu.*

Ah! quel desordre affreux de votre ame s'empare,
Poltron!

BOLUS.

Vous refusez l'honneur qu'on vous prépare?

TETU.

Qui moy mon pere. . . .

BOLUS.

Eh quoy votre cœur égaré
Des refus de l'Ecole est encore ulceré,
De vos prétentions je vois les injustices,
Ah! mon fils est-il temps d'écouter vos caprices,
Votre art sauva les jours d'un pauvre moribond,
D'un honneur immortel cette cure répond;
Mon fils au doctorat a-t'il osé prétendre
Avant l'âge où les loix permettent de l'attendre?
Va, cesse de briguer une injuste faveur,
La science vaut mieux que le nom de Docteur,
C'est aux Chirurgiens que tu dois ta colere,
De l'Ecole, & de toy je sens que je suis pere;
Si par tes soins heureux l'égrotant devient sain,
N'exige rien de luy, sois plus que Medecin,

Je touche, mon cher fils, au bout de ma carriere,
Tes remedes peut-être entraîneront ton pere;
Mais enfin par tes coups si je suis abbattu,
Je renaîtray bien-tôt & vivrai dans Tetu.

TETU.

Non, je ne puis.

SCENE QUINZIE'ME.

COCLICOLA, BOLUS, TETU, MASSACRA.

COCLICOLA.

Monsieur, faites qu'on se retire.

BOLUS *à Tétu, qui s'en va avec Massacra.*

Va, cours.

COCLICOLA.

On vous trahit.

BOLUS.

Ah! qu'entens-je!

COCLICOLA.

On conspire,
De rebelles enfans de notre Faculté
Sont prêts avec Turquin de conclure un traité,
Turquin est à Paris, & ses sourdes intrigues
Jusques dans notre sein ont sçû former des brigues,
J'ignore encor l'auteur de la sédition,
Mais j'ay de Massacra mauvaise opinion:
Ne craignez rien pourtant, j'ay rassemblé l'élite
De tous nos candidats, ce sont gens de merite,
Qui dans l'occasion feront un coup de main
Et sçauront arrêter les progrès de Turquin.

BOLUS.

Des Docteurs ont formé ce projet temeraire!

SCENE SEIZIE'ME.

DIAFOIRIUS, COCLICOLA, BOLUS.

DIAFOIRIUS.

On vous demande.

BOLUS.

Et qui?

DIAFOIRIUS.

C'eſt un Apotiquaire.

Bolus *à Coclicola.*

Qu'il entre, vous partez, & revenez bien-tôt
M'apprendre les autheurs de cet affreux complot.

SCENE DIX-SEPTIE'ME.

Les Medecins entrent, BOLUS.

BOLUS.

Vous venez à propos, vous êtes néceſſaires,
Docteurs, le croirez-vous? nous avons de faux freres
Dans notre illuſtre corps il eſt des ſcelerats.

Tous.

O Ciel que dites-vous?

BOLUS.

Meſſieurs ne parlez pas.
Ecoutez ſeulement.

SCENE DIX-HUITIE'ME.

MONSIEUR FLEURANT, BOLUS, *les Medecins.*

BOLUS.

QU'est-ce qui vous amenne?
Parlez Monsieur Fleurant.

FLEURANT.

Je suis tout hors d'haleine,
On vous trahit Messieurs.

BOLUS.

Nous le sçavions déja.

FLEURANT.

Oüy mais vous ignoriez que c'étoit Massacra. . . .

BOLUS.

Non, nous nous en doutions.

FLEURANT.

Et de plus que la Sonde
Ce sot ambassadeur que tout l'enfer confonde,
Est cause. . . . .

BOLUS.

Je devois morbleu le renvoïer,
Ou le gardant chez moy le mieux faire épier.

FLEURANT.

Enfin j'ay découvert cette ligue fatale,
Ils étoient rassemblez à la porte royale;
J'ay conduit avec moy vos fideles Bedeaux,
Qui portoient des bâtons en guise de faisceaux:
J'aperçois Massacra, mon zele me transporte,
Je le fais entourrer soudain par mon escorte.
Ne pouvanr plus cacher sa noire trahison,
Il foüille dans sa poche, il en tire un poison,

Poison qu'à vous Docteurs il destinoit peut-être,
Et meurt en Medecin, quoiqu'indigne de l'être;
La Sonde prend la fuite, on le laisse courir,
Ne voulant point ici le faire revenir;
Et pour vous épargner un discours qui fatigue,
Qui tout pompeux qu'il est, refroidiroit l'intrigue.

BOLUS.

Ah! quand nous connoîtrons les perfides auteurs
De ce maudit complot, prenez garde, Docteurs,
Fussent-ils nos amis, fussent-ils nos confreres,
Nos peres, nos enfans, nos cousins, nos comperes
Il faut les en punir selon notre serment,
Et leur faire éprouver un juste châtiment:
Bannissons de nos cœurs une pitié frivole.

FLEURANT.

Ah! vous ne deviez pas lâcher cette parole,
Car on n'attribuëra qu'à la nécessité
Tout ce que vous ferez par generosité.

BOLUS.

Je m'embarrasse peu de cette bagatelle,
Est-ce par la raison aujourd'huy qu'on excelle?

à Fleurant.

O toy dont l'ignorance & l'aveugle destin,
Au lieu d'un clistorel dût faire un Medecin,
Sois-le, prens ce bonnet, que ta tête le porte.

FLEURANT.

Je ne sçais pas un mot de latin.

BOLUS.

Et qu'importe.

FLEURANT.

Ce n'est pas mon sçavoir que vous recompensez.

BOLUS.

Pour être Medecin vous en sçavez assez.

SCENE DIX-NEUVIE'ME.

COCLICOLA, BOLUS, FLEURANT, *les Medecins.*

BOLUS.

HE bien Coclicola, qu'à t'on fait des rebelles?
Ils sont saisis sans doute.

COCLICOLA.

Ils en ont fait de belles;
Helas souvenez-vous que vous êtes Bolus.

BOLUS.

Vraiment je le sçais bien.

COCLICOLA.

Je n'en puis dire plus;
Lisez? vous connoîtrez les pratiques secrettes.....

BOLUS.

Est-ce une lettre encor?

COCLICOLA.

Non, ce sont des tablettes.

BOLUS *après avoir lû.*

O pere infortuné! Viperinus mon fils!
Messieurs excusez si... le pendard est-il pris?

COCLICOLA.

Avec deux conjurez qui marchoient à sa suite,
Il s'est tant démené qu'il a mis tout en fuite,
Il reste à vous apprendre un malheur plus affreux,
Sur cette liste encor daignez jetter les yeux.

BOLUS.

Relisons donc.... ô ciel! Tétu! le puis-je croire...
Non cela ne peut être, on veut flétrir sa gloire;
Ici mal à propos vous le deshonorez....

COCLICOLA.

Vous vous trompez... il est le chef des conjurez.

BOLUS

Surquoi le juge-t'on, ma tendresse resiste

A croire qu'il ait pû. . . .

COCLICOLA.

Bon il eſt ſur la liſte
Que chez Maſſacra même a trouvé Rhubarbus.

BOLUS.

Pour le convaincre il faut quelque choſe de plus,
Cela ne prouve rien, & l'on peut par malice
Avoir écrit ſon nom.

COCLICOLA.

Ecoutez l'autre indice:
Sans armes on l'a vû ſeul qui ſe promenoit,
Et qui ne parloit point, le fait eſt clair & net.

BOLUS.

Vous vous moquez de moy, quelle plaiſante preuve!
Cette conviction eſt ma foy toute neuve.

COCLICOLA.

De plus Tutie.

BOLUS.

Hebien que vous a-t'elle dit?

COCLICOLA.

Rien, faut-il de ſa mort vous faire le recit,
Ou viendra-t'elle ici ſe tuer elle-même?

BOLUS.

Ni l'un ni l'autre.

COCLICOLA.

Hebien aprenez donc qu'elle aime
Ou qu'elle aimoit Tétu.

BOLUS.

Qu'eſt-ce que cela fait?
Mon fils peut être aimé ſans commettre un forfait;
Mais ne peut-on ſçavoir ce qu'elle eſt devenuë?

COCLICOLA.

Que j'en faſſe un recit, qu'elle même ſe tuë,
Son ſort n'eſt pas encor tout-à-fait decidé.

BOLUS.

L'endroit n'en vaut pas mieux quoique raccomodé.

COCLICOLA.

Oüi vous avez raison Bolus, & plus j'y pense,
Et moins à tout cecy je vois de vraisemblance.

BOLUS.

Faites venir mon fils, je veux l'interroger,
Et s'il est criminel vous pourrez le juger.
Messieurs. . . . allez vous-en, il n'est pas nécessaire,
Que vous soyez presens à ce qui va se faire,
Adieu retirez vous, vos roles sont remplis,
Je vous suis obligé de tous vos bons avis.

SCENE VINGTIE'ME.

BOLUS *seul.*

O Dieux! qui l'auroit crû! quelle affreuse nouvelle!
A notre Faculté Tétu seroit rebelle!
Je ne suis point surpris que de Vipertinus
Le perfide la Sonde ait séduit les vertus,
Car il n'en avoit point, on le vit dès l'enfance
De tous nos anciens mépriser la science;
Mais Tétu possesseur de tant de qualitez,
Le modele, & l'amour des Universitez,
Tétu. . . .

SCENE VINGT-UNIE'ME.

COCLICOLA, BOLUS.

COCLICOLA.

De nos Docteurs la volonté suprême

Est que sur votre fils vous prononciez vous-même.

BOLUS.

Des autres conjurez qu'en a-t'elle ordonné?

COCLICOLA.

De tous les Medecins le reste est condamné,
Et vous pouvez juger Bolus, en consequence,
Qu'ils sont morts en suivant la loy de l'Ordonnance.

BOLUS.

Et du sort de mon fils je dois donc disposer?

COCLICOLA.

Oüi l'on vous le permet.

BOLUS.

On n'en peut mieux user,
Je ne m'attendois pas à cet honneur insigne;
Mais quelque grand qu'il soit, Bolus s'en rendra digne:
J'entrevois la finesse, & le rusé Senat
Veut tirer les marons de la patte du chat;
Mais doutant de son crime.....

COCLICOLA.

Il est trop véritable,
Car tous les conjurez l'accusent.

BOLUS.

C'est le diable,
Pourtant quand on l'a pris il ne songeoit à rien;
Je le crois innocent.

COCLICOLA.

Cela se pourroit bien.

BOLUS.

Mais desarmé loin d'eux, que vouloit-il donc faire,
Pourquoy n'étoit-il pas avec son petit frere?
Je crois que l'on me vend ici du *galbanum*.

COCLCOLA.

Par luy-même, *habebis confitentem reum*.
Le voici.

SCENE

SCENE VINGT-DEUXIE'ME.

TETU, BOLUS.

TETU.

PErmettez qu'un fils

BOLUS.

Alte-là traître !
De deux fils que j'aimai j'étois pere, peut-être,
L'un ne l'est plus, après sa noire trahison
M'en reste-t-il encor dis Tétu ?

TETU.

Ma foi non.

BOLUS..

Répons donc à ton Juge, & non pas à ton pere,
Et merite la mort par un aveu sincere,
Tu devois cette nuit traiter avec Turquin
Qu'avois tu resolu ?

TETU.

Je n'ai resolu rien.

BOLUS.

Un tel discours renferme un sens impénétrable,
N'ayant rien résolu, tu n'es donc pas coupable,
Si je n'ai plus de fils tu n'es pas innocent,
Ergo ceci pour moi devient embarrassant,

TETU.

Hé bien voici le fait, on m'a voulu seduire,
J'ai résisté long-tems avant que d'y souscrire,
Mais j'adorois Tutie, on m'a fait mille tours,
La Sonde, & Massacra par leurs mauvais discours
Secondant les transports d'une ardente maîtresse

Ont pour un ſeul moment débauché ma jeuneſſe ;
Mais ce moment paſſé je me ſuis repenti
D'avoir ſi lâchement embraſſé leur parti.
Prononcez mon arrêt, diſpoſez de ma vie,
A de vains préjugez Tétu la ſacrifié,
Par un juſte ſupplice il faut épouvanter
Les cœurs infortunez qui pourroient mimiter.

BOLUS.

Quoique ces deux beaux vers ſoient pris dans Tiridate,
Il le faut avoüer, ſa grandeur d'ame éclate.

TETU.

Pour derniere faveur daignez m'ouvrir vos bras,
Dites du moins Tétu, Bolus ne te haït pas.

BOLUS.

En cette occaſion faut-il que je t'embraſſe ?
Tu ſçais bien qu'autrefois Brutus fit dans la place
Expirer ſes deux fils ſans en être affligé.

TITUS.

Ce trait étoit trop dur, mais on l'a mitigé.

BOLUS.

C'eſt donner une entorſe à l'Hiſtoire Romaine.

TETU.

Et qu'importe pourveu qu'on brille ſur la ſcene.
D'ailleurs ſes deux enfans reconnus criminels
Etouffoient dans ſon ſein lès tranſports paternels,
Mais pour me conſerver une pitié ſublime,
Je n'ai que commencé, ſans achever le crime.
Vous voyez bien qu'après tous ces rafinemens
Vous pouvez m'honorer de vos embraſſemens.

BOLUS.

Pour te les refuſer ſerois-je aſſez barbare !
Qu'on mene de ce pas mon fils à Saint Lazare.
Ouf je m'attendris trop, allons embraſſe moi.

TETU.

L'ordre que vous donnez eſt fort tendre ma foi.

BOLUS.

Oüi je ſens que mes pleurs innondent ton viſage,
Va porte à ta retraite un plus maſle courage,
Regarde les tourmens ſans trouble, & ſans effroi,
Et ſois mon cher Tétu plus Medecin que moi.

TETU.

Adieu donc, triſte objet d'une vaine chimere
Je vais être enfermé digne fils d'un tel pere.

SCENE VINGT-TROISIE'ME.

BOLUS *ſeul.*

PUiſque l'on me dictoit un arrêt ſi cruel
On devoit rendre au moins mon fils plus criminel,
Hé l'on ne voit que vous, que venez vous m'aprendre?

SCENE DERNIERE.

COCLICOLA, BOLUS.

COCLICOLA.

UNE nouvelle hélas qui va bien vous ſurprendre.

BOLUS.

Sans doute vous venez pour me complimenter
De la part des Docteurs.

COCLICOLA.

Non pour vous garotter,
Comme le châtiment n'eſt jamais legitime,
Lorſque le repentir fait avorter le crime,
La ſage Faculté pour de bonnes raiſons

Vous envoye à l'instant aux Petites Maisons.

BOLUS.

Aux petites Maisons!

COCLICOLA.

Oüï vous dis-je, & pour cause;

BOLUS.

Rendons graces aux Dieux!

COCLICOLA.

C'est bien prendre la chose.

FIN.

APPROBATION.

J'AY lû par ordre de Monseigneur le Garde des Sceaux le *Bolus Parodie*. A Paris le vingt-quatre Fevrier mil sept trente un. GALLYOT.

www.ingramcontent.com/pod-product-compliance
Ingram Content Group UK Ltd.
Pitfield, Milton Keynes, MK11 3LW, UK
UKHW020511180726
13839UKWH00005B/2026

9 782329 602554